신지도에 유배 온 이세보

이청리 제65집
이룸신서

1860년에 철종의 종제(從弟, 사촌 동생)로서
안동 김씨의 세도정치를 더 이상 두고 볼 수 없었다
이것이 화근이 되어 경평군(慶平君) 이내 몸
그해 11월에 신지도에 유배 와서
그날들이 드밀고 올 때마다 속이 터지는 순간들
여백의 한 폭을 폈다

- [여백] 중에서 -

그리움이 다 닳아진 끝이 가을이라
저리 단풍이 물드는 걸까
봄부터 풀지 못한 나무들의 한의 묶음을
풀어 걸어 놓은 나뭇가지 끝
오랜 적막을 지나 마주치는 순간
생의 일체가 깨어져 다시 빚어진 찰라
진하디 진한 것들이 안으로 들어와
태초의 흐름이 마디를 이뤄 단풍에 번진다

- [가을과 한 몸이래] 중에서 -

한 세상 흐름을 누가 가름하랴
와서 가는 길은 어디 물길 뿐이랴
험한 산길은 곱에 곱을 더 하여
앞을 가로 막는 물안개는 깊음을 알 리가 없다
아서라 와서 가는 것이 정한 이치요
세상 명리로 무엇을 묶자고 소란들인가
머물러 있는 이곳도 등을 기댐이고
떠나가는 발길의 스침도 인연이라
가을이 오는 소리가 어이 기러기 떼에서 보았는가
낙엽은 인생사의 곡조를 담아 펴 놓지 않았던가

- [바람이 알고] 중에서 -

잊지 말라는 님의 부름을 답하리라
모든 것이 변해도 님의 부름에 답하리라
오늘도 가을 햇살은 눈부시는데
찾아도 찾을 수 없는 이 섬에서 님의
그리운 이름을 부르노라
낙엽은 이내 발 끝에서 님이 계시는
곳을 향해 손짓하면서 저만치 구르는데
님과 함께 했던 날들은 어디로 갔나

- [다시 피는 구철초가 되리래] 중에서 -

명사십리 바다 속에 뜬 달을 만져보려고
손을 넣어 잡으려고 해도 잡을 수가 없다
그러나 나무들은 저 달을 어루만지고 있다
저 나무의 손을 빌어 만져보니
여인의 백옥빛 속살과 같다
아! 이 달빛과 마주하면
첫 사랑이 찾아와 풋가슴이 될까
달 뜨는 밤에
저 나무의 손을 빌어 만져보는 달빛은
서러움에 지친 내 심사를 만져주었다

- [바다 속에 뜬 달] 중에서 -

비가 나그네를 알아 본다
비는 사람들의
마음을 파고드는 그리움과 같은 것!
햇빛 내리는 날에 여우비로 젖어든다는 것!
밤에도 계절을 가리지 않고 내리는 것 !
모두를 처음의 근원으로 돌아가게 하여
진흙인 생들을 적시려는 것!
목말라 할 때마다 마음을 열게 하는 것!

- [비가 나그네 알아 본다] 중에서 -

유배의 그물에 걸려 빠져나가지
못해 퍼덕이고 있으니
단 하루도 쉬지 않고 곡을 하는 앞에서
나도 함께 곡을 하노라
사무친 하늘에 물들건만
한양은 하늘보다 더 먼 곳이더냐

- [한양은 하늘보다 더 먼 곳이더냐] 중에서 -

하늘에서 등잔불 들고 내려와
비추는 흰눈!
그대는 그리운 나의 친구인가
깊은 밤 날 불러 속삭이네
혼자서 견디기 힘든
유배의 날들은 훌쩍 들어
내던지게 하는가

- [그리운 나의 친구인개] 중에서 -

　　　보여줘서는 안되는 것까지 보여주고 말았다
　　　저 전복은 바다 가장 낮은 곳을 수행터로
　　　삼고 살았다
　　　뻘물을 뒤집어 쓰고 더러워진 몸을 닦아내면서
　　　한 생을 보냈다
　　　제 몸 안쪽에 새겨 놓은
　　　눈부신 광채는 무엇이었을까

　　　　　　　　　　　　　　　　　- [전복] 중에서 -

모두가 이 차거움에 하얀 눈의 이불을
덮고 잠들 시간인데
애간장을 녹여 두들겨 대는 저 북소리는
잠을 이루지 못한단 말이네
이내 가슴에 봄을 채워
저렇게 애간장을 녹이게
두들기고 있다는 말일세

- [이내 가슴에 봄을 채워] 중에서 -

차 례

제1부

1. 명사십리 파도 / 19
2. 사랑의 사람이 올까 / 20
3. 사랑을 붙들어 그리움을 붓네 / 21
4. 다시 피는 구철초가 되리라 / 22
5. 여백 / 23
6. 완도 사람들의 생 / 24
7. 가을과 한 몸이라 / 25
8. 이런 가을날엔 / 26
9. 바람이 알고 / 27
10. 가을 안개 / 28

제2부

11. 명사십리 바다 / 31
12. 월하정인 / 32
13. 겨울 강 / 33
14. 아름다운 동행자 / 34
15. 봄이여 / 35
16. 이 섬이 나에게 / 36

17. 파도가 밀려나간 곳 / 37
18. 살아 있음이 길이니 / 38
19. 빗방울 / 39
20. 이미 와 있는 봄 / 40

제3부

21. 나무 / 43
22. 복수초 / 44
23. 유배 앞에서 / 45
24. 봄 바다 / 46
25. 바다는 어머니처럼 / 47
26. 갈대에게 흔들림만 있었을까 / 48
27. 고서 / 49
28. 바다로 숨을 쉬기로 했다 / 50
29. 혈족 / 51
30. 물의 체위 / 52

제4부

31. 가야 할 곳이 어디인지 / 55
32. 일획 / 56
33. 아침 연못 / 57
34. 본향 / 58

35. 길은 사람들을 기억한다 / 59
36. 전복 / 60
37. 비가 나그네를 알아본다 / 61
38. 명사십리가 다 받아주었네 / 62
39. 비와 신록 / 63
40. 수평선 / 64

제5부

41. 염소 / 67
42. 봄은 눈부신 눈 / 68
43. 국화 그대에게서 배운다 / 69
44. 가을비 / 70
45. 그리운 나의 친구여 / 71
46. 개는 면벽이 계속되었다 / 72
47. 글씨를 받으러 가겠다 / 73
48. 기다림이 봄이라는 말 / 74
49. 봄을 머금은 햇살 / 75
50. 흰 눈과 담쟁이 / 76

제6부

51. 신선 / 79
52. 목련 / 80

53. 나무의 여행 / 81
54. 봄햇살로 동무 삼아 / 82
55. 한양은 하늘보다 더 먼 곳인가 / 83
56. 유배가 끝날 때까지 / 84
57. 나무의 생으로 / 85
58. 바다 속에 뜬 달 / 86
59. 물방울이 지어 놓은 집 한 채 / 87
60. 어진 미소여 / 88

제7부

61. 이내 가슴에 봄을 채워놓고 / 91
62. 파도 소리를 낼 때 / 92
63. 이내 귀를 바다에게 주고 / 93
64. 천직을 배우고 난 뒤 / 94
65. 더 보탤 말도 뺄 말도 없어라 / 95
66. 완도 바다 / 96
67. 조약돌 / 97
68. 보석 / 98
69. 이내 얼굴이 웃고 있는 웃음도 / 99
70. 모래알들이 낸 길 / 100

후기 / 101

제1부

명사십리 파도
– 신지도에 유배 온 이세보 · 1

어디에 기대고 서도 등이 시릴 뿐이다
나목 같은 날들이여
가슴에 한 줄기 울음을 깊게 묻어 둔 까닭은
삶의 등불을 켜고자 함이 아니었더냐
돌아갈 날을 기다려야 하는 이 섬에서
쌓여가는 눈발이 그리움의 깊이를 더해간다
떨쳐버릴 수 없는 쓰라림을 눈발로 날리면서
또 누군가를 우러러 보고 살아갈 날들이여
머무르고 싶은 순간들을 접었구나
날리는 흰 눈발 속으로
명사십리 파도는 지칠 줄 모르고
내 그리움을 허리 구부려 마시고 있구나

사랑의 사람이 올까
― 신지도에 유배 온 이세보 · 2

하루 해가 저물면
소식을 들은 사람이 올까
물결 소리가 그 사람인 듯
발자국 소리를 내는구나
가슴에 쌓이는 애통함들
어디에 다 부어 둘 수 있나
운명인 듯 지고 가야 하는
긴 유배여
섬과 섬 사이를 날고 있는 물새들은
왔던 때도 알거니와 돌아갈 그 때도
알고 있겠지만 물 위에 노래로 풀어 놓을 뿐
가까이에서 들으라는 손짓인가
문 밖으로 눈길을 돌리면 북쪽 하늘 끝이
눈에 밟혀 이 몸이 물새인지 노래를
풀어 놓는다 저 하늘 끝이 온통
붉은 빛으로 젖어들 때까지
흰구름 한 점 띄어도
소식 듣고 올 그 사람이 올까
목이 길어져버렸다

사랑을 붙들어 그리움을 붓네
- 신지도에 유배 온 이세보 · 3

11월은 떠난 이들의 집으로
차가운 바람이 찾아가
사람들은 뒤돌아 서서 눈물만 훔치네
겨울 나무들은 이별을 벗삼아
혼자서 삼키며 누군가의 외로움을
껴안고 서 있네
저 긴 기도의 시간 속에는
눈으로 덮인 시간뿐이네
아! 기다림이 운명인 사람들이여
사랑을 붙들어 그리움을 붓네
돌아올 날들이 죽음 이후가 아닌
날이기를 눈물로 적셔두네

다시 피는 구철초가 되리라
- 신지도에 유배 온 이세보 · 4

잊지 말라는 님의 부름을 답하리라
모든 것이 변해도 님의 부름에 답하리라
오늘도 가을 햇살은 눈부시는데
찾아도 찾을 수 없는 이 섬에서 님의
그리운 이름을 부르노라
낙엽은 이내 발 끝에서 님이 계시는
곳을 향해 손짓하면서 저만치 구르는데
님과 함께 했던 날들은 어디로 갔나
잊지 않으리라 구절초 피는 이 계절이
다하는 끝에 눈비에 젖어 홀로 피워 절하리니
잊었지만 잊으시다면 시린 이 몸 시들어도
다시 피는 구철초가 되리라

여백
- 신지도에 유배 온 이세보 · 5

그날들이 야속하다 여기면서도
내 쪽에서 접는다 나에게 떨어질
불벼락을 몰라서가 아니었다
내 쪽에서 마음을 넓혀보면 더 편하다
1860년에 철종의 종제(從弟, 사촌 동생)로서
안동 김씨의 세도정치를 더 이상 두고 볼 수 없었다
이것이 화근이 되어 경평군(慶平君) 이내 몸
그해 11월에 신지도에 유배 와서
그날들이 드밀고 올 때마다 속 터진 순간들
여백의 한 폭을 폈다
명사십리 잔잔한 몸짓과 같은 마음을
저 모랫벌에 발걸음을 내딛어
숨어서 우는 파도 소리에 이끌려 간다
이내 생도 얹어 데리고 가볼까
해질녘 그림자와 돌아올 땐 거뜬해지는
가벼움이여
이 여백의 아름다움으로 물들어 가나니

완도 사람들의 생
- 신지도에 유배 온 이세보 · 6

이곳 사람들의 생은 두들김으로
먼 물길을 건너온 한 척의 배인지 몰라라
두들기지 않으면 소리가 맑지 않아
가는 길이 보이지 않더라
물살의 막대기를 쉼없이 두들겨 대는
고통의 떨림 앞에서
멈춰버릴 것 같은 위험의 물굽이에서
꿈 하나로 돛폭으로 펼쳐
더 험한 물결소리 속을 지나 돌아오는 구나
거칠게 휘몰아쳐 오는 물굽을
저렇게 잔잔함으로 끌어 안아
이 흐름 속에서 시나위의 흥에 모든 것을 맡기리니
물 위가 황홀경이다
살풀이 하듯 두들겨 풀어내야
생의 물길이듯
얼마를 두들겨야 저 고요함 앞에
또 새날의 꿈을 열고 살아가나

가을과 한 몸이라
- 신지도에 유배 온 이세보 · 7

그리움이 닳아진 끝이 가을이라
저리 단풍이 물들어 올까
봄부터 풀지 못한 나무들이 한의 묶음을
풀어 내 걸어놓은 나뭇가지 끝
오랜 적막을 지나 마주치는 순간
생의 일체가 깨어져 다시 빚어진 찰라
진하디 진한 것들이 안으로 들어와 서면
태초의 흐름이 마디를 이뤄 단풍에 번진다
낡은 것들이 버려짐이 아닌
그 안이 곧 하늘이라
부풀고 들떠 비틀거린 세상사 한 쪽
가을은 모든 것의 어미가 되어 열매를 내민다
생명! 비애처럼 늘 우리를 목마르게 해
어디론가 떠밀리게 했거늘
열매로 빚는 가을과 한 몸이라
그 고고한 순간을 열어보라는 화두의 일침이
이내 가슴을 친다

이런 가을날엔

— 신지도에 유배 온 이세보 · 8

이런 가을날엔 임금 곁에 있을 땐
보이지 않던 이내 몸이 보인다
이내 몸이 이내 생을 잘 알고
있는 것 같은데 그날의 일을 통하지
않고선 적요의 끝 모를 어둠이었노라
태어나면서 허우적거린 생들
운명의 낱장을 넘길 때마다 아찔했노라
사랑으로 물들고 싶어 다가서는 이 깊음들
무엇인가 얻었다 느껴질 쯤이면
붓물처럼 밀고 들어오는 서슬에 떨었노라
정면을 향해 나갔으나 벽이었노라
다 돌아가는 길은 너무 멀어 휘청거린 날들
이내 생은 알 수 없는 만화경이다
중용을 곱씹어도 흔들림은 어쩔 수 없는
생의 자리는 텅 빈 허공 때문이라

바람이 알고
- 신지도에 유배 온 이세보 · 9

바다 건너는 사람들의 등 뒤에
그림자만 어린다
어디로 가려는가
물길은 흘러 섬을 휘도는
바람은 바다를 넘어 몇 곱절 빠른 것을
한 세상 흐름을 누가 가름하랴
와서 가는 길은 어디 물길 뿐이랴
험한 산길은 곱에 곱을 더 하여
앞을 가로 막는 물안개는 깊음을 알 리가 없다
아서라 ! 와서 가는 것이 정한 이치요
세상 명리로 무엇을 묶자고 소란들인가
머물러 있는 이곳도 등을 기댐이며
떠나가는 발길의 스침도 인연이라
가을이 오는 소리가
어이 기러기 떼에서만 보는가
낙엽은 인생사의 곡조를 담아 펴 놓지 않았더냐
바다를 건너는 사람들의 발길에 울림을
바람이 먼저 알고 물어 나르는구나

가을 안개
— 신지도에 유배 온 이세보 · 10

새벽이 밀리는 안개 속에서
몸을 일으켜 손을 모은다
생의 짙은 어둠은 오랫동안 고여
엷어진 기색조차 없었다
이것이 삶이라
어둠이 중심이 되어 살아온 것이다
어떤 언어로도 풀어도 벗어날 수 없는
이 어둠에 잠겨 숨을 쉬며
버티고 또 버티어도
제 자리에 매듭 짓고 싶은
간절함 하나
어둠이 해체 되면 끝이 보일까
아니 끝이야 보일지 몰라도
생은 어둠의 끈으로 묶어 부인 할 수 없다
밝음이 곧 어둠이기에
무릎으로 새벽을 열 때
어둠 속에 스며오는 가을 안개
또한 어진 분의
음성처럼 들려와 영혼을 열어 거닐고 있는
자리는 거칠 것 없는
빛의 세계와 동떨어져 살아간다

제2부

명사십리 바다
- 신지도에 유배 온 이세보 · 11

명사십리 바다는
또 하나의 맑은 얼굴이다 제 깊이를
다 드러낼 수 없어 투명함을 말해
사람의 깊이를 잴 수 없다
명사십리 바다는 아무리 깊어도
바닥의 한계를 밝힌다
사람에게 죽음이 다가와도 깊이를 보인 적이 없다
다만 사라질 뿐 물의 형상은 변하지 않는 것처럼
형태만 달라져 있을 뿐
그 본체는 처음과 끝이 같을 뿐이다
사람은 자신에게 유익이 왔을 때 한 편이다
그 나머지 것에 대해서 무정하다 못해 가혹하다
명사십리 바다 속을 보아라 모든 것을 살리는
힘이 그곳에서 나온다

월하정인
― 신지도에 유배 온 이세보·12

간다 간다 이내 몸이 간다
신윤복 화가의 월하정인에
나온 님을 만나러 이내 몸이 간다
명사십리 하얀 파도 물빛 속에서
유배의 등불 하나 들고
달 기우는 그 아래 마주 서서
한양에서 있었던 일들
명사십리 하얀 파도 물빛 속에
던져 두고
간다 간다 이내 몸이 간다
그 님과 밤새워 별이 되어 속삭일테야
오늘 밤도 유배의 등불에
불 밝혀 간다 간다 이내 몸이 간다
거기 반달로 떠 있거든
유배의 등불에 기름을 부어
그 님을 찾아간다 전하거라

겨울 강
― 신지도에 유배 온 이세보 · 13

바람에 여윈 겨울 강 숨어 울 때
마른 갈대 허리 휘어 듣는구나
흐르던 물은 뒤돌아보는 법이 없어
가야 할 길은 낮은 곳에서 찾는
겨울 강이여 쓰러져 우는 갈대
울음도 그대와 한 몸이로다
겨울 강을 찾는 이들이 누구였던가
가슴에 멍울져 울음 뿐
갈대의 몸으로 숨어 우는구나
흰 눈에 남겨진 발자국은
세상과 멀어지고 싶음을 아는가
마른 갈대 허리가 휘어 외치는구나
가야 할 길을 낮은 곳에서 찾는
겨울 강으로 흐르라 외치는구나

아름다운 동행자
― 신지도에 유배 온 이세보 · 14

제마다 견디어 온 날들의 이력들을
피어 놓은 꽃잎에 푸른 잎새를 새겨
무거운 사람들의 발걸음을 가볍게 해준다
산다는 것 눈물겹도록 숨이 찬 날들을
하나로 묶어냄이 꽃이라 했던가
말 못할 시름의 자리마다 욱신거린 떨림들
하루만 살다가 그만 두는 생이 아니었기에
참음의 강 하나를 건너 가야 하는
적막의 밤은 얼마나 깊었는가
세월은 보이지 않는 신기루
이것이 길이자 생의 이력들을 펴주는 순간들
후끈거린 가슴에 무엇인가
갚아도 갚지 못한 사랑이었듯
사랑에 이끌려 생의 훈장 하나 안으로
걸어 둘 때 든든하지 않았느냐
모든 것은 흘러가는 유성 같아도
삶의 치열함이 빛으로 남아
밝혀 주는 저 곳을 향해 나서게 한다
꽃잎들은 먼저 나서서 길을 여는
아름다운 동행자가 아니었을까

봄이여
– 신지도에 유배 온 이세보 · 15

술을 빚은 적이 없는데
봄이 취하게 하나 가슴 열어
이야기를 듣고 싶다 출렁이는 생의 파도는
잠잠한 적이 있었나 깊은 밤에도 밀려와
뒤척거린 바다는 끝이 없어 이리도 허했나
머물고 싶어도 머물지 못한 날에
등잔불 반짝이는 불빛이 봄인 듯 다가오더라
그리움으로 취한 봄이여
그대 몸 안에는 무엇이 들어 있어
모든 것을 꽃피어 놓으시나 살아 있으면서
시들어 있는 듯한 이내 가슴을 취하게 하니
천하제일 가는 꽃이 이곳 신지도에서 피어나
향기를 날리게 하네

이 섬이 나에게

— 신지도에 유배 온 이세보 · 16

문 밖에서 바스락 소리가 귀에 익어
귀를 기울렸는데
아무 소리가 없어 나가 보았으나
마른 낙엽들은 그대로이다
그 속에서 소리 하나 파랗게 차오른다
허공에 시의 샘을 파고 살아온 생이여
세상 쪽에 둔 마음을 걷어
파랗게 차오른 소리 속에 묻어둔다
봄비가 다녀 간 뒤
마른 잎새의 가락인 바스락거림을
파랗게 출렁거리는 가락이
이내 가슴 깊은 곳에서 울려온다
세상에서 받은 것은
목마름 뿐이었으나 신지도 섬이
나에게 주는 선물을
미처 다 알지 못해 눈물겹다

파도가 밀려나간 곳
― 신지도에 유배 온 이세보 · 17

파도가 밀려 나간 곳
생의 이쪽과 저쪽의
경계선이 그어져 있다
추한 것과 의로운 것에
대한 선명한 공간 파도는 그것을
뜨거운 울음으로 불어 넣는다
깊은 곳에서 별이 있는 곳까지
그 소리 하나로
새긴 묵언의 침묵이 눈부시다
옳음과 그름은 무엇이었는가
깊은 내력의 바닥에 끈적거린 흔적들
삶은 걸러내지 못한 것이 악이었던가
선은 자신을 녹여 사랑으로 묻어나는 것
천지를 이룬 곳을 참 세상이라고 했던가
권력에 눈이 어두운 이들 그것이 선한 일인 듯
누군가를 얼마나 죽였냐에 따라
달라지는 생을 본다
고상한 지고지순이 죽음 없이
다다르고자 했구나
토하고 했으나 토하지 못함이 삶이
절정을 향해 달음질 쳤으나 절벽이었다
무엇이 옳은 제물로 바쳐지는 것까지
이제야 알겠다

살아 있음이 길이니
- 신지도에 유배 온 이세보 · 18

목젖에 걸린 살청빛 말들 삼켜도
채워지지 않는 깊은 곳간
더는 쌓아 둘 곳이 없어 뒤척거려야 하는
사람들 불어나 차고 넘치는 틈에 서 있다
벗어나고 싶다는 외침도 노래가 아닌 침묵이다
이러다 오래 못 갈까 다독여 내딛는 발걸음
시린 바람끝이 등골에 꽂혀 파르르 떤다
새벽 빛이 어둠에 묻혀 꺼내는 손길이 눈물겹도록
생을 쳐서 가야 하는 발걸음마다 얼룩 뿐이다
어딘가에 비쳐 올 빛하나 걸어보고자 깊은 열망
언가슴이야 우리네 질긴 운명의 페이지
몸을 던져 살아도 희망은 다가오리
세상의 법도 이젠 먼 불빛이다
모든 것이 벽이 아닌 것이 없어
벽이 아닌 생을 살고자 했으나
벽이다 외치고 싶어도 목젖에 고인
살청빛 말들이 우리 살아 있음의 길이니
이 길을 끝까지 가라 한다

빗방울
- 신지도에 유배 온 이세보 · 19

봄을 담고 왔을 빗방울이 차다
손을 내밀어 잡아 보면 산밑 자락에 잔설이
송송 속살을 보인다 울타리 밖에 지은
새 둥지가 얼마나 긴 흐느낌의 가락을 빚어냈나
저 바람이 빗방울 속에 스며 새 울음 소리로
울려난다 아! 친밀한 속삭임들 하지만 세상 흐름
속에서 얼어 붙어 언제쯤 풀릴지 모르는데
빗방울은 마른 것에서 굳어진 것을 어루만진다
저 어진 손! 똑똑 소리를 낼 뿐인데
이미 이내 가슴이 빗방울이 꺼내어 문지르고 있다

이미 와 있는 봄
- 신지도에 유배 온 이세보 · 20

산에다 한지문을 하나 둘씩 달아 있다
누가 달았을까 했더니 봄꽃이다
저렇게 산에다
창문을 열어 한지문 사이로 산 멀리
바라보는 봄은 먼저 와서 거기 물살치고 있다
아직은 한 겨울인데 이 한지문으로 바라보니
나무마다 봄이 한창이라
이내 몸만 봄이 와 있는 줄 모르다니
다른 사물들은 제마다 문을 열고 있는데
사람만 산에 올라 흰 눈을 바라보고 있다
더 깊은 곳을 못보고 눈에 보는 것만으로
판단하고 있으니 세상이 항상 흔들릴 수 밖에
다시 마음을 다잡아 붓을 들어
더 멀리 내다 보니
이미 봄은 와 있었다

■ 제3부 ■

나무
- 신지도에 유배 온 이세보 · 21

겨울 해풍에 가지 전체가 휘어진 듯 했다
사시사철 밀려드는 바람은 한 번도 나무를
그냥 스쳐 지나가지 않았다
가지 가지 마다 휘어 놓은 뒤에도
그 나무 전부를 휘어들려고 달려 들었으나
허리만 휘었을 뿐 하늘을 향하는
푸른 가지들 강풍 앞에서
내부 깊은 곳에는 쪽빛을 퍼 올렸다
이 바닷가에 서 있다는 것만으로
시달렸으나 나무들은 어머니의 마음으로
넓어진 바다를 보았다
나무는 휘어짐에 아파하기보다 해풍을 받아
머물게 했다
먼 방랑자인 바람은 머물 곳이 없었지만
상처투성인 몸을 받아 줄 때 나무 가지에게
주었던 상처에 울곤 했다
바다의 마음을 줄 때마다
바람은 하늘거린 푸른 잎새 끝에 매달려
몰래 훔쳐본다

복수초
- 신지도에 유배 온 이세보 · 22

복수초는 흰 눈을 봄으로 알았다
험한 섬 가시 덤불만이 세상을 이룬 곳에서
찬바람까지 불러와 귀 기울이는 여유를
넘고 넘는 추위는 모든 것을 얼게 하면서
옥조여 와도 복수초 앞에서 만큼은 꼬리를 내렸다
파랗게 떨고 있는 나무들도 따뜻한 눈길을 보냈다
바다의 만조에 차고 넘치고 배들은
더 심하게 흔들렸다 산다는 것은 고생이
밥이었고 이 밥을 먹지 않고선
살 수 없다는 것을 수평선 멀리로 밀어내고자
모두가 외쳤다 복수초는 참음이 하나의 길이자
밥이라 전해주었다
겨울! 그렇게 쉽게 사라지지 않아
내부 속으로 찾아와 얼게 해
복수초의 노란 꽃빛으로 녹이고 있구나

유배 앞에서
- 신지도에 유배 온 이세보 · 23

겨울 추워서 떠는 것이 아닌
유배 앞에서 떨고 있는 나를 본다
옷을 껴 입혀도 따뜻하지 않아서인지
계속 떠는 것이 안쓰러워 뛰고 달려도
추운 것은 마찬가지다
언제쯤 훌훌 벗어나 환하게 웃을 수
있을까 누구에게 기대어 가고 싶지 않다
지금 떨고 있어도 꿋꿋하게 참아내고
꿈 꾸는 그 날까지 묵묵히 가고 싶다
이내 몸 오랫동안 침묵하게 내버려 둘 순 없다
누구나 떨고 있으리 누구도 모를 아픔에 밤은
길고 시름도 깊었으리 순간을 넘기면서 발을
내디뎌가야 하는 삶과 옳은 뜻을 이뤄 가는 것까지
돌아갈수 있는 날이 있는 한
이 긴 차가움의 떨림도 기쁨이 아니랴

봄 바다
― 신지도에 유배 온 이세보 · 24

돌담길을 따라 꽃을 맞이하면
밀려 온 겨울이 돌담만큼 쌓이는데
동백은 바다 저 멀리 펴 놓은 길
그 위로 오고 가는 배들은
흔들림이 없이 물살을 가른다
이런 풍경 속에 들어서는
날이 언제였던가
무너질 듯 달려온 무거운 날들
날개 하나까지 달아주니
비로소 수면 위를 유유자적으로 날고 있다
날지 못한 것으로 알았으나
이내 몸이
저기 있는 물새와 줄마추어
날고 있음을 보노라
왕의 수라상에 오르내리는 것을
검시하는 이내 몸
그런 날들이 봄날로 알았으나
봄날이 아니었구나
이리 승냥이떼 우글거린 왕궁은
동물을 가둬 놓은 철문과 같은 느낌을
떨쳐버릴 수 없구나
완도 봄바다를 날고 있는
물새들이 이제야 보이는구나

바다는 어머니처럼
- 신지도에 유배 온 이세보 · 25

바다가 생겨나던 아득한 날 이곳에
머문 사람은 하늘로 올려졌던 마음이
저 햇살 속으로 들어가 있을 것이다
소름이 돋은 만큼 거룩한 넋이 풀어낸
간절함은 어찌하여 노래로 올려졌는지를
하늘이 그 사람에게 보냈을 눈빛이
저 파도였을 것이다
쉬지 않고 사람 가까이에서 들려주는
저 불멸 그 이후
바다를 향한 사람들의 열망은
끝모를 날개였을 것이다
지금 이 날개 위에 앉아 보니
바다는 긴 말보다 온몸으로
어머니처럼 다가올 뿐이다

갈대에게 흔들림만 있었을까
- 신지도에 유배 온 이세보 · 26

갈대에게 흔들림만 있었을까
미세한 떨림을 간직한 갈대청을
쌍골대의 구멍에 넣었더니
이승과 저승을 하나로 묶어
소리 내는 것을 누가 알았을까
속에 것을 밖으로 드러낼 수 없어
살풀이 하듯 다 풀어낸
저 가락을 들어 보라
한이란 놈이 뼈 속을 치는 아픔이지만
이 아픔을 우려내어 하늘에 걸어둘 때
하늘은 아픔만큼 돌려준다
그것이 무엇이든 하늘은 세월의 흐름 속에서
돌려주고 있음을 본다
눈 앞에 보이는 것으로 가름하지 마라
갈대! 흔들림의 상징이기는 하나
그 속에 지니고 있는 하늘로 통하는 길이
숨겨져 있음을 알았으리라
그 길을 가는 자! 옳은 자가 아니었으리

고서
― 신지도에 유배 온 이세보 · 27

해묵은 고서들은 무엇을 직시하기에 저토록
몸을 곧게 해 변할 줄 모르는가
엄혹한 시절에도 굴하지 않는 그 눈빛이 성성하다
생과 사를 초월한 저 꿋꿋한 몸짓 어디에서 나와
오늘을 사는 우리에게 까지 다가와 당당하게 서 있는가
때론 꾸짖는 것도 서슴지 않고
때론 풀어주고 맺는 것에 귀재라
역사의 단 한 줄도 빼고 더하는 것 없이 해묵은
자리를 지키고 서서 묵시하는 저 눈빛에
우린 아랑 곳 하지 않고 나선다
세월이 먼지처럼 쌓여 역사는 뒤로 후퇴해도
저 고서는 주름이 든 것에 관여치 않는다
이미 몸 안에는 지혜의 등불이 꺼진 적이 없다
왕들의 안과 밖의 행적을 다 꿰고 있고
이 세상 흐름들을 다 관통한다 하여도
한 쪽이 허물어진다고 한들 무엇을 탓하랴
그럴수록 등불은 더 높이 걸리는 법을 알기에
고서는 더 여유롭고 넉넉하다

바다로 숨을 쉬기로 했다
- 신지도에 유배 온 이세보 · 28

바다로 숨을 쉬기로 했다
더 이상 숨을 쉬다가
제 명에 살지 못해 끝을 못 볼 것 같아
파도 출렁이는 앞에 서니 천하가
짐이었던 그의 두 어깨
갈매기 날개가 돋아나 바다 위를 날으니
얼마나 그 동안 혹사를 당하고 살아왔는지
이 바닷가 바위 형상으로 서 있다
금이 간 자리마다 사람의 흔적이 진하다
떨어져 나간 조각들은 저렇게 모래알로 남아
오랫동안 뒹굴고 있었구나
이내 생의 지나간 날들의 흔적이 부서짐이었으나
이 부서짐을 통해서 큰 바다를 품고 있음을
이젠 노래하는 일만 남아 있구나
물안개 어린 수평선을 붓으로 여기련다
이 바닷가에 살아가는 작은 것 하나까지
영원히 함께 할 내 가족들이리라
물살의 움직임 앞에서 가락이 아닌 것이 없다

혈족
- 신지도에 유배 온 이세보 · 29

해안가를 걷다가 바위와 마주 선다
아무 소리도 없이 서 있는 줄 알았는데
바위의 형상이 제마다 소리를 내어
살아가는 것을 보았다
이내 몸 또한 가슴 속은 잠잠한 적이 없었지만
바위와 대면하고
첫 마음으로 마주할 때
바위는 긴 세월의 날들을 묵묵히 살아오면서
저 상처까지도 자신의 전부로 여기었다기에
아! 나도 참을 수 없어
득세하는 안동 김씨들과 충돌했었다
저렇게 파도와 부딪침 속에서도
멍이 들어도 아무 기척이 없었던 걸까
그 무엇에도 물들지 않는 첫 마음하나
내민다 이내 몸도 그와 같은 마음으로
하나를 더 내밀자
우리는 한 몸이자 혈족이었다

물의 체위
― 신지도에 유배 온 이세보·30

물은 서로 체위를 바꾸면서 뒤척인다
포효하면서 뒤엉키다가 저렇게 고요로 누워
속삭인다
저 고운 물빛 앞에서 눈을 뗄 수 없다
아름다운 체위를 서로 바꿔가며 움직일 때
우주 저편에서 보내온 물의 반응
물의 내부에서 일고 있는 반응일까
물은 하나로 모여 낮은 곳에 어디선가 또 만난다
만남으로 춤추며 환호하며 뒤척일 때
저 눈부신 사랑 속에서 모든 것이 녹아난다
때론 너무 거칠게 체위를 바꿀 때
누구도 접근을 허락하지 않는다
황홀한 순간을 속삭임으로
이루는 물의 몸
그 순간이 지났을 때 일 만개의
달빛을 띄어 놓는다
달 하나로 저리도
물은 체위를 바꿔가면서
빚어낸 몸짓 속에 다가서
함께 뒤척이고 싶어진다

제4부

가야 할 곳이 어디인지
- 신지도에 유배 온 이세보 · 31

가야 할 곳이 어디인지 아는 사람의
뒷모습이 잊혀지지 않는다
그 길을 누구라도 걷고 싶은데 그러지 못하고
살아간다 물방울도 떨어질 자리를 알고
모래알 하나도 물 아래 구르는 이치를 안다
잎새 하나도 땅에 떨어질 때 흙으로 돌아가는
길을 알고 있다
우리는 얼마나 저들과 먼 거리에 있는가
일생을 살면서 알 수 없는 시간 속에서
헤매는 까닭은 가야 할 길이 더 멀리 있어서 일까
말똥구리 또한 굴리고 가야 할 지점을 알고 있다
그들 또한 일정한 크기에서 멈추어
잉태의 시간을 갖는다
우리는 머뭇거림과 좌우충동으로 부딪칠 뿐이다

일획
― 신지도에 유배 온 이세보 · 32

누가 조각해 놓은 것도 아닌데
저렇게 빼어난 속그림을 품은 바닷가 돌들
사람이 붓으로 설사 그렸다 하자
저 물살에 버틸 힘이나 있겠는가
돌 속 안까지 깊이 그려진 형상은
신의 한 수다
누가 방점을 찍었는지 모르지만
신비의 물안개로 덮여 출렁인 바닷물도
멈칫거려 고개를 숙이고 간다
아무렇게 굴리고 다니는 돌멩이로 알았다
그러나 바닷물 그림에 취해 있었으리라
이 때마다 넉넉해진 맑음인 하늘을
담고 있는 그림은 절대적인 선이 아닐까
무엇 하나 담지 못할 것이 없으니
우리 속에 있는 속그림은 비할 바 없어
허 하다 허 하다
일획으로 긋는 선이며 저 점들
돌 속 그림들이 천하 제일이로다

아침 연못
- 신지도에 유배 온 이세보 · 33

가시연을 피우는 연못
바람이 그 끝에 걸터 앉아
물살을 만지는 폼이 자못 여유롭다
이슬까지도 그 끝에 앉아
흔들리고 있을 때
위태해 보였으나 이슬이 바람을 움직였다
우리가 볼 때는 바람이 모든 것을
흔드는 것으로 비추지만
바람은 가시연의 붉음의 빛 앞에서
숨결의 몸짓
이슬이 소리 없이 거들고 있다
바람의 형상은 고요 속에 나타나
가시연 잎새에 그려진 형상은 더 선명하다
이슬과 같은 가시연은 꽃잎새가 아닐까
그 꽃잎 하나만 가슴에 지니고 산다면
이 험한 세상을 아침 연못으로 열 것 같다

본향
- 신지도에 유배 온 이세보 · 34

부딪치면 멍울이 든다
파도의 몸은 처음 그대로
저리도 싱그러움으로 타오르나
파도의 몸으로 사는 날은 몇 날이 될까
외치다가 어느 세월 뒤안 길로 밀려 나 있다
살아있는 파도의 몸은 어디에서나
제 몸에 상처를 입어도
훌훌 털고 다시
처음으로 돌아가 반짝이고 있으니
저 파도의 몸으로 돌아가
시작하고 싶더이다
시행착오로 길들여진
이 생! 하지만 몇 날이 못 되어
다시 상처 입고 상처를 주면서
서로 입장이 달라
소리칠 수 밖에 없는 세상이기에
누군가는 파도가 되어
살고자 하나 모든 것은 변해 간다
달빛 하나에도 순종의 무릎 꿇어
제 몸을 맡길 줄 아는 파도
우리는 제 마다
순종의 무릎을 꿇고 사는 일을 싫어한다
물컹하고 부드러움이 가장 큰 자비인 파도여

길은 사람들을 기억한다
- 신지도에 유배 온 이세보 · 35

길은 수많은 사람들의 흔적을 고스란히 남긴다
그 많은 사람들을 다 기억하고 있다는 말일까
큰 길과 샛길까지
그 사람의 발자국 속에 스며 든 그날들을 담고 있어
옷깃을 여미면서
발자국은 곧 나의 마음인데 제마다 마음에 일고 있던
숱한 파란들 다 찍혀 있었다면
변명할 수 없는 노릇이라
그 때와 지금이 너무 달라 어떻게 해야 하나
왕의 수랏간의 검시관의 호사스러움을 그만두고
안동 김씨와 득세한 어둔 그림자를 맞이설 때
한 순간 뒤바뀐 이내 생의 깊은 내력들
유배의 발자국에 다 담겨 있어
한양에서부터 길을 나설 때
세상과의 인연이 끝이었는데
의로움은 시간이 갈수록 묻혀지지 아니하고
밝혀진다는 사실이 먼저 눈길이 가 닿는다
발자국에 담겨질 마음이 거짓이 아닌
자비로움을 담아 내딛고 오지 않았던가
이 유배의 힘겨움이 이내 몸에게
찾아온 축복의 몫이기에 잘 모시고자 한다

전복
― 신지도에 유배 온 이세보 · 36

보여줘서는 안되는 것까지 보여주고 말았다
저 전복은 바다 가장 낮은 곳을 수행터로
삼고 살았다
뻘물을 뒤집어 쓰고 더러워진 몸을 닦아내면서
한 생을 보냈다
제 몸 안쪽에 새겨 놓은
눈부신 광채는 무엇이었을까
밖은 온통 두꺼운 껍질로 덮혀
작은 뿔까지 나 있어
그 안 쪽에 그런 눈부신
광채를 지닌 것을
거센 파도 해일 속에서 엎드려 무엇을
노래했을까 바위까지 깨어져 배까지 난파되는
속에서도 흔들리지 않고 깊은 바다 밑바닥에서
견디어낸 힘은 무엇이었을까
지금 그러한 광채 하나 하나를 읽어보려고 하나
바다의 설법인지 도통 한 자도
알아 들을 수 없다
진리는 곧 광채라는 묵언만 흐를 뿐이다
우리가 광채 한 아름 가슴에 품으면
깨달음을 얻어 한 세상 사는 길에서
저런 눈부심을 나눠 줄 수 있을 것 같다

비가 나그네를 알아본다
― 신지도에 유배 온 이세보 · 37

비가 나그네 알아 본다
비는 사람들의
마음을 파고드는 그리움과 같은 것!
햇빛 내리는 날에 여우비로 젖어든다는 것!
밤에도 계절을 가리지 않고 내리는 것!
모두를 처음의 근원으로 돌아가게 하여
진흙인 생들을 적시려는 것!
목말라 할 때마다 마음을 열게 하는 것!
촉촉하게 젖을 때 사람들과
바다의 물새들까지 모두 어질게 보이는 것!
비 오는 날은 외로운 나그네를 달래준다

명사십리가 다 받아주었네
- 신지도에 유배 온 이세보 · 38

어지러운 마음을 신지도 섬에 맡기러 갔더니
명사십리가 다 받아주었네
세상 어디에서 받아주지 않는 것까지
아낌없이 받아주며
전망 좋은 집 한 칸도 내주었네
명사십리는 필요하다면 다 쓰라고 했네
그 대신 가슴에 담고 온 한도 있으면
다 맡기라고 했네
세상 어디에 부릴 수 없는 그 한까지
숨김 없이 털어 놓으라고 했네
명사십리에 다 맡기고
돌아올 때 다 털고 왔다네

비와 신록
- 신지도에 유배 온 이세보 · 39

비가 내리네
신록이 방안에 까지 들어와 살고 있는
방안의 모든 것을 들고 가
제 몸에 있는 것을 한점 남김없이 놓고 있네
너무나 익숙하게 들고가자
세상이 텅 비어 이내 혼자인 듯 했네
비가 문 앞에서 속삭이네
한양을 그리워 하면서 유배의 틀 속에
묶여 있어도 생을 책임 질 수 밖에 없었네
비와 신록이 이내 방은 새로 단장해 주었네
크나큰 우주와 함께 하라 하며
비와 신록이 저만치 문에서 물러 서 주네

수평선
― 신지도에 유배 온 이세보 · 40

명사십리가
나를 물어다 수평선에 놓는다
눈들어 바라보면 아슴해지는 끝에
꼭 한번은 가보고 싶었던 곳에
거기 무엇인가 있을 듯 하다
이렇게 가슴 저리며
원하던 것을 들고 돌아올까
명사십리가 수평선에 내려 놓은
갈매기들처럼! 나를 날게 한다
아! 이런 날 끝까지 날아가 쉴 수
있다면 돌아 올 때는 멍울진 얼룩들을
지워 무거운 짐까지 다 부릴 수 있을까
더 가벼움으로 훨훨 날면서
단숨에 한양 하늘까지 날아가
지금 이 마음을 품고 살 수 있을 듯 하다

제 5 부

염소
— 신지도에 유배 온 이세보 · 41

염소 한 마리가 목줄을 풀어
나의 목에 둘러주며
봄 풀밭 저만치에서 햇살과 놀고 있다
깊이 박힌 말뚝을 뽑아보려고 했다
두 손으로 무엇이든지 할 줄 아는데
하루 종일 봄 풀밭 한가운데 말뚝에 묶여
빙글빙글 돌고만 있었다
저 풀밭에 뛰어 노는 염소는
몇 시간 전에 나였고
여기 나는 염소로 묶어 있다
이 들녘 풀밭에서
긴 하루가 백 년쯤 걸리는 것 같았다

봄은 눈부신 눈
― 신지도에 유배 온 이세보 · 42

봄은 눈부신 눈을 가지고 있는데
내 몸은 몇 개의 눈을 가진 걸까
수를 헤아려봐도 정작 두 개라는
사실 말고는 입증할 수 없다
봄은 수 천 수 만개의 눈으로
반짝인다
그 눈앞에 서면 이내 눈도 맑아진다
이 때서야 비로소
근원의 눈까지 뜨게 한다
따뜻한 마음의 눈은 수시로 변해
그날의 일들을 울분의 눈으로 바라보는
봄이 말갛게 바꾸워 준다
그런데 마음 한쪽 눈은
홀로 눈물을 흘리고 있다
두고 온 가족들에 대한 안스러움과
그리움이
남몰래 주체 할수 없어…

국화 그대에게서 배운다
- 신지도에 유배 온 이세보 · 43

국화 그대에게서 배운다
느림에 대한 것에서
봄에서 가을까지 그 좋은 날들이 가고
살갗을 찢는 무서리 속에서
웃음 한 단씩 묶어
향기와 희망을 묶어내어………….
마지막의 사랑까지 묶어내는
국화 그대에게서 배운다
깊은 사랑이란
처음도 나중도 변하지 않는 것도 배운다
좋을 때는 좋아서 생을 두 배로 살고
슬플 때는 생을 반으로 줄여 살게 하는
국화 그대를 알고 난 뒤
그대의 모든 깊이를 배운다
유배의 흔들림이란 한낱 바람이라

가을비
- 신지도에 유배 온 이세보 · 44

가을비! 공중 어디에 발을 딛고
서야 할지 몰라 서성거립니다
가을이 들기 전까지 어디로 뛰어내려도
신나기만 했는데 지금은 뛰어내리자마자
미처 떠날 준비도 못한 나뭇잎들이
땅 위로 굴러 떨어질까 조마조마
가슴을 여미고 있습니다
하나 하나
보살피면서 소리를 낮추려고 해도
온 몸에 울려 퍼진 소리는
사람들의 귀전에 부서져 가슴을
흔들어 어디론가 떠나가야 하는가
가을비!
온몸이 울음에 젖어 우리인 듯 싶습니다

그리운 나의 친구여
- 신지도에 유배 온 이세보 · 45

하늘에서 등잔불 들고 내려와
비추는 흰눈!
그대는 그리운 나의 친구인가
깊은 밤 날 불러 속삭이네
혼자서 견디기 힘든
유배의 날들은 훌쩍 들어
내던지게 하는가
가문과 한 집의 기둥인
가장이라는 점을 빼면 홀로인
날 짓눌린 짐들 다 내려 놓게 해
막힌 속을
펑!
펑!
펑!
뚫려 숨을 크게 쉬어 어깨를 활짝 펴주네
펑!
펑1
펑!
명사십리 저 끝까지 이 끝까지 뒹굴게 하네
저 수평선 끝까지 뒹굴다보면 얼어 붙은 세상도
녹지 않겠는가

개는 면벽이 계속되었다
- 신지도에 유배 온 이세보 · 46

개 한마리가 갯바위를 향하여
정좌로 앉아 있다.
면벽을 하는 걸까
나 역시 유배의 개줄에
매어 빙빙 돌며 못 벗어나는데!
개는 면벽만 계속되었다
개가 득도하면 사람의 마음을 읽을까
손으로 도구와 불을 만들어
문명을 이루어 왔지만
이것을 뒤집어 보면
개보다 더 나은 것은 무엇인가
면벽을 끝낸 개는
진리의 빛이 발하는 듯
천천히 걷고 있다

글씨를 받으러 가겠다
- 신지도에 유배 온 이세보 · 47

겨울은 물새들은 차가움을
하나 하나 움직이는 저울추인지 모른다
겨울 물새들이 매일 그 추를 움직여
살아있는 세계를 본다
겨울이 깊어질수록 또 하나의 하늘의
길을 연다 빨리 오는 봄
차가운 바람 위를 날면서 글씨를 쓴다
그것은 분명 봄의 글씨 일 것이다
머지 않아 봄이 온다는 사실을 이곳
어부들은 고기를 그물로 건져 올리며 안다
나도 저 글씨를 받으러 가겠다

기다림이 봄이라는 말
- 신지도에 유배 온 이세보 · 48

눈발에 나를 띄운다면
저 눈발은 어디쯤 내려 놓을까
완도 바다 물살 위일까
아니면 이름 모를 조선 땅 깊은 곳일까
과연 유배의 무게를 잘 견딜 수 있을까
세상 화살에 맞아 뒤척거리며 가야
할 길이 멀어 눈발은 봄이
오는 먼저 길을 알아
거기까지 데려다 줄 수 있을까
물어도 바다는 출렁일 뿐
저렇게 내린 눈발에 덮혀 서 있어도
눈발은 침묵으로 일관한다
기다림이 봄이라는 말만 남기고
사라져간 뒤에야 알게 되었다

봄을 머금은 햇살
- 신지도에 유배 온 이세보 · 49

누가 찾아와 두들기나
이 엄동설한 빠꼼히 문을 열자
눈발을 헤치고
봄을 가득 안고 온 햇살이
문 앞에 서 있다
누가 나에게로 보낸 걸까
내 마음 깊은 곳에 추위보다 더한 어둠이
요동치고 있는데
한 줄기로도 보이지 않았던 앞이 보인다
유배의 바위 덩어리가
이렇게 가벼운 먼지였다니
누가 봄을 햇살로 보낸 걸까
이렇게 가시 방석에 앉아 있어도
꽃자리라니

흰 눈과 담쟁이
- 신지도에 유배 온 이세보 · 50

흰눈은 내려 앉기도 힘든 벽에 기대어
담쟁이 넌 누구냐 묻기나 하듯
조용히 말을 건넨다
맨 처음 하늘에서 내려다 본 것과
사뭇 다르다
하늘에서 나설 때는 소풍으로 여겼으나
이 땅에서 힘들게 벽을 타고 오르는
담쟁이 넌 물 한방울
고이지 않는 곳에 서서
오르려고 하는 이유는 무엇이냐
땅과 하늘에서 전하는 뜻이
정녕 다르지 않을 듯 싶다
담쟁이 너 또한 험난한 벽이나
어느 곳을 가리지 않고 타고 오르듯
흰 눈인 나 또한 험난한 산정이나
깊은 계곡에 굴러 떨어져도
탓하지 않았다
어디 곳이든 다 찾아갔다
담쟁이와 흰 눈과 나는
이미 같은 몸이었구나

제6부

신선
― 신지도에 유배 온 이세보 · 51

봄바람 부는 나무 그늘에 앉으니
내가 신선이라
꽃은 나무가 피우는데
고운 빛깔과 향기까지
나를 빚어 아! 신선으로 서 있네
봄이 오는 길을
마음 속으로 끌어 당길 때
이제까지 걸어온 길은
먼지로 뒤덮인 길이었지만
신선으로 앉아서
마주보는 봄 나무 그늘 아래
더 새로운 꽃을 피우며
모두를 신선으로
돌아가게 하는 것을 알겠네

목련
― 신지도에 유배 온 이세보 · 52

목련은 어느 곳에서 피울까
자리를 찾고 있다
서 있는 나무 가지 끝에서 부시시 꽃망울을
맺은 채 열고 나오리라 믿고 있었노라
사람들 중에서
가장 가슴 아픈 그 자리에서
피고 있다는 것도 보았노라
사람들과 섞여 누가 얼마나 가슴이
아픈 지를 알 수 없었지만
유배 와서 바라 볼 때 목련이 아픈
그 사람들의 가슴 한 가운데
피우고 있었노라
하늘만이 아는
아픈 가슴 한가운데
한 송이 한 송이 피고 있었노라

나무의 여행
- 신지도에 유배 온 이세보 · 53

무언가 간절히 그립고
아쉬울 때는 해질 무렵
나무들도 사람 몰래 자신들 끼리
만나려고 약속하는 걸까
한 걸음 물러서
그들과 마주치곤 한다
저 나직한 속삭임을 잊혀지지 않는다
저들도 아름다운 사랑으로 살아가며
큰 우주를 만나고 오는 것을
사람들은 한정 된 곳에서 만남이 이뤄어져
욕심을 놓기나 하는 날은 큰일 날 듯
무덤 속 들기 전까지 붙들고 있는
나무들은 아름다운 만남으로
더 멀리 나가 돌아오곤 한다
저들의 아름다운 여행에
나도 동행하여 다녀 오고 싶구나

봄햇살로 동무 삼아

– 신지도에 유배 온 이세보 · 54

봄햇살로 동무 삼아
3월! 부르기만 해도 먼저 달려와
나를 원하는 곳으로 데려다 줄 것 같노라
가장 먼저 꽃 속으로 들어가
겨울의 고기 비늘을 벗겨 헤엄쳐 오느라
상처뿐이지만 꽃들이 비린내를 빨아드려
향기와 빛깔을 덧입혀 주고 있노라
3월하면 가슴 한 켠에 쌓인
내 한을 연두빛으로 물들여 주노라
한양을 향한 그리움이 얼룩질수록
3월이여!
유배의 혹독함이 겹쳐진 이 속에서
명사십리 울음을 꺼내어 봄햇살로
동무 삼아 나란히 설 때
한양에 돌아갈 날이 머지 않을 듯
더 가깝게 다가와 선다

한양은 하늘보다 더 먼 곳인가
- 신지도에 유배 온 이세보 · 55

명사십리 바다도
머리 풀어 곡을 한다
이 곡을 듣고 있노라면 나를 위해
오는 날부터
지금까지 저리 멍석을 펴고 앉아
곡을 하고 있는가
나도 애간장이 녹지 않으리
세상사의 옳바름의 향함이
유배의 그물에 걸려 빠져나지
못해 퍼덕이고 있으니
단 하루도 쉬지 않고 곡을 하는 앞에서
나도 함께 곡을 하노라
사무친 하늘에 물들건만
한양은 하늘보다 더 먼 곳이더냐

유배가 끝날 때까지
― 신지도에 유배 온 이세보 · 56

물고기들이 아가미로 물길을 여는
그 길을 따라 가 보았노라
세상의 길은 험난 자체로 점철되는
것과 달리 이 물길은
평탄하게 열려 있었노라
물고기들은 고난을 자신의 몸으로
씻어낸 비늘로 열어 놓은 길이라 했나
한 번도 가지 못한 이런 길을 걷고 있을 때
깊은 바다 속의 태고적인 비밀들까지
다 꺼내어 보여주었노라
사람들이 앙상한 고기 뼈와
같음을 보았노라
물고들이 가장 낮은 곳에서
길이 되는 것을 몰랐노라
누구에게 상처를 주지 않는
물고기들 곁에서
유배가 끝날 때까지
유숙하고 돌아갈 생각이로다

나무의 생으로
- 신지도에 유배 온 이세보 · 57

나무의 생으로 돌아가 산다면
우리 인생도 힘겨움이 느껴지지 않으리라
어떤 고난에도 다시 일어나 잎새를 피워
꽃을 피워낸 나무의 생은 눈물겨워라
성스러움으로 바라보기만해도 허리가 굽혀져
저 꽃향기 그윽해라
우리 생의 슬픔과 기쁨의 경계를 허물어 준다
우리는 이 경계 안에서 벗어나지 못하고 살고 있다
나무는 자기의 가슴에 있는 문을 열고 들어오라 한다
문 너머 닿을 수 없는 꿈까지 닿게 해준다
아! 저 새들도 꿈을 물고 와
저렇게 나무 가지에 두고 간다
한양의 소식이 있을 것 같아
아침부터 저녁까지 눈을 뗄 수가 없구나

바다 속에 뜬 달
- 신지도에 유배 온 이세보 · 58

명사십리 바다 속에 뜬 달을 만져보려고
손을 넣어 잡으려고 해도 잡을 수가 없다
그러나 나무들은 저 달을 어루만지고 있다
저 나무의 손을 빌어 만져보니
여인의 백옥빛 속살과 같다
아! 이 달빛과 마주하면
첫 사랑이 찾아와 풋가슴이 될까
달 뜨는 밤에
저 나무의 손을 빌어 만져보는 달빛은
서러움에 지친 내 심사를 만져주었다
이 때부터
여인의 백옥빛 속살을 지나
저 아름다운 세계로 이끌려 갔다
나도 저 나무들처럼 어루만질 수 있으려나

물방울이 지어 놓은 집 한 채
- 신지도에 유배 온 이세보 • 59

물방울이 지은 집 한 채
누가 저 속으로 들어가 살까
명사십리 해당화 꽃잎들과 솔잎들이
들어가 살고 있다
나 일찍 저 속으로 들어가려고 했으나
물방울이 지은 집이라며 문을 열어주지 않았다
바람과 햇살은 쉽게 열고 드나 드는데
만물의 영장인 사람만 열지 못하고
저 앞에서 서성거리고 있다니
이렇게 유배 생활만 이어졌다
어느 날 내가 그토록 열려고 해도 열리지 않는
물방울이 지은 집의 문이 드디어 열렸다
마음으로 열기보다 내 손으로 열려고 했는데
이제야 열다니

어진 미소여
– 신지도에 유배 온 이세보 · 60

몸통이 잘려진 것들끼리 기대고 있는
풍경이 진저리 치게 눈물나게 했노라
나 또한 매절한 사람인데
몸통 전체를 단숨에 절단 내고 살라
팽개치는 몰인정한 사람도 없을 것이다
그러나 뒤돌아서면 잘린 몸통에서
움이 트고 잎새를 피워내어
또 다른 풍경을 펼쳐보일 때
더 많은 눈물을 흘리노라
그 때는 저 나무들이
상처의 눈물을 흘렸지만
아름다운 몸짓의 어진 미소여!
나 역시 할 말을 잃고 저 미소에 물들어가노라

제7부

이내 가슴에 봄을 채워놓고
- 신지도에 유배 온 이세보 · 61

잎이 다 떨어진 나무가지들이
요상한 소리를
내고 있다는 말이네
겨울 하늘은 텅비어 있는데
나뭇가지들이
무엇인가를 유심히
듣고 있다는 말이네
하늘을 북으로 알고
저렇게 굿거리 장단을
마추고 있다는 말이네
처음은 바람이 내는
소리쯤으로 알았으나
그게 아니라는 말일세
고저의 가락에서
세상사 애환이 묻어난 것이
보통이 아니라는 말이네
모두가 이 차거움에 하얀 눈의 이불을
덮고 잠들 시간인데
애간장을 녹여 두들겨 대는 저 북소리는
잠을 이루지 못한단 말이네
이내 가슴에 봄을 채워
저렇게 애간장을 녹이게
두들기고 있다는 말일세

파도 소리를 낼 때
- 신지도에 유배 온 이세보 · 62

이곳 신지도의 물새 울음소리는
파도 소리로 들린다네
바위도 버티고 서 있는 것 같아도
더 큰 파도 소리를 낸다네
난 어떤 소리를 내는 걸까
이것이 분명치 않아 아쉽다네
저들처럼 분명한 선을 긋는
소리를 내야 하는데 그렇지 못하네
왕의 수라상의 검시관으로 호사를 누려서인가
이제 나도
저들처럼 파도소리를 내볼라네
그 때는 물새와 바위들과 한 마음으로
살아가야지
지금도 살기는 살아도
서로 마음 트고 사는 것이 아닌 듯 싶네
나도 저 파도 소리를 낼 때
우리는 비로소 동행자의
아름다운 모습이 아니겠는가

이내 귀를 바다에게 주고
- 신지도에 유배 온 이세보 · 63

땅에는 안개꽃이 피고
하늘에는
안개꽃 별들이 피어난다
땅에 핀 안개꽃은
쉽게 시들지만
하늘에 핀 안개꽃은
쉽게 시들지 않아
저토록 눈부시다
여기 우리 서 있는 땅에서
안개꽃으로 피어나
안개꽃으로 지는 사람들이라
잠시 잠깐 살다가면서
서로를 향하여 화살을 당겨야 했는가
저 나무들은 서 있는 자리를 떠나지 않고
묵묵하게 자리를 지키면서
명사십리 앞바다를
하늘의 비밀을 풀어 들려주는데
듣지 못하고 살아왔으니
이제야 내 귀를 바다에게 주고
다 들을 수 있어라

천직을 배우고 난 뒤
- 신지도에 유배 온 이세보 · 64

명사십리는
누가 찾아오는 이가 없어도
혼자 눈부시게 타오른다
바다에게 물어 볼 때
천직이라고 할뿐이다
그 뒤부터
명사십리에게 천직을 배우고 난 뒤
이렇게 매일 기다리는 일이
천직이라는 것을
누가 알아주든 알아주지 않든
이 순간보다 행복한 순간은 없어라
완도 신지 명사십리에
나의 생을 온전히 밀어 넣고 부터이다

더 보탤 말도 뺄 말도 없어라
- 신지도에 유배 온 이세보 · 65

함박눈이 내리면서
한 번도 쓰지 않던
문장을 엮어가노라
함박눈이 글자가 되어 지내온
이곳 신지도에서 숨겨놓은
누구에게 들은 얘기들을
하나도 빠짐없이 찾아내어 써내려 가노라
누구에게 보일 것 없는 생인데
함박눈은 하늘에서나 땅에서나
잘 나가는 생들이
쓴 글들은 먼지에 지나지 않는다는 말에
얼굴이 화끈거린다
눈물로 살아온 사람들을
찾아 써 내려간다고 한다

완도 바다
― 신지도에 유배 온 이세보 · 66

완도 바다가 심하게를 흔들릴 때
나도 따라 심하게 흔들린다
저 바람이 지나갈 때까지 멈출 수 없다
완도 바다가 다치기나 하는 날에는
내 살점이 찢어지는 듯 해라
완도 바다가 곧 나이고
늦은 밤에도 잠이 든 것을 보고서야
나도 잠이 든다
완도 바다가 아플 때
더 깊이 앓아 누워 맥을 못춘다
완도 바다가 출렁거릴 때도
마음을 쉬이 놓지 못한 것은
신성이 깃든 완도 바다가 다칠까봐
나의 몸이 오금이 저리기 때문이다

조약돌
― 신지도에 유배 온 이세보 · 67

바다 건너는 사람들의 등 뒤에
그림자가 어린다
어디로 가려는가
물길은 흘러서 섬을 휘돌아
바람은 바다를 넘어 몇 곱절 빠름의
흐름을 누가 가름하랴
와서 가는 길은 어디 물길 뿐이랴
험한 산 길은 곱에 곱을 더 하여
앞을 가로 막는 물안개는
깊음을 알 리가 없다
아서라 와서 가는 것이 정한 이치요
세상 명리로 무엇을 묶자고 소란들인가
머물러 있는 이곳도 등을 기댐이요
떠나는 발길의 스침도 인연이라
가을이 오는 소리가
어이 기러기 떼에서만 보았는가
낙엽은 인생사의 곡조를 담아
펴 놓지 않았던가
바다를 건너는 사람들의 발길에
울려나는 소리를
바람이 먼저 알고 물어 나르는구나

보석
― 신지도에 유배 온 이세보 · 68

완도 명사십리는
보석 중에 보석이다
내 안에 울음까지도 다듬어준다
밤하늘의 별들도
아름답게 이렇게 울음을 다듬어
반짝이게 할 수는 없으리라
저렇게 하얗게 부서지는 파도
내 안에 흐르는 울음을 퍼내어
아름다운 가락을 빚어내지 못하리라
하지만 명사십리는 눈물 한 방울까지
모두 담아 꽃으로 피워
이 세상에서 어느 꽃이 이보다 아름다우랴
내 눈에는
모든 것이 성스러움으로 비쳐온다
나의 눈빛을 아름다움으로 빚어주시었네
완도 명사십리에 유배 온 몸인데도
귀하게 맞아 들여 이렇게 떠받들어주시니

이내 얼굴이 웃고 있는 웃음도
- 신지도에 유배 온 이세보 · 69

내 얼굴에 덮힌 주름을
걷어 내려고 해도 걷어 낼 수 없어라
이미 덮힌 주름을
명사십리 바다가 어느 사이 다 걷어내어
저 푸른 물살처럼 싱싱하게 넘쳐나고 있어라
허허 내가 명사십리 바다에게
해 주는것은 아무 것도 없는데 명사십리 바다는
나의 속 잔주름 하나까지 지워내어
그 자리에 아름다운 칸나 꽃을 피어 놓는다
너털 웃음도 결국은 명사십리 바다의
선물이라 고백 할 수 밖에 없구려

모래알들이 낸 길
- 신지도에 유배 온 이세보 · 70

먼 바다를 쓸고 온 저 바람을
나를 그냥 놔 두지 않고 밖으로 나와
걸으라 한다 갈 곳이 어딜까
명사십리 모래알들이 낸 길을 따라 나서라 했다
바람과 파도에 긁힌 모래알들의 상처를 본다
너무나 많은 상처를 입힌것도
바람과 파도로 알았으나
모래알들이 파도에게 상처를 입혔다 한다
바람과 파도는 그 상처를 사랑이란
이름을 달고 있다 하는데
바람과 파도 이끄는 길을 따라 걸었다
모래알들이 낸 길은 아름다움의 극치였다
나 역시 이 길을 걷고 부터
다른 길을 걸을 수가 없었다네

후기

　　　그날들이 야속하다 여기면서도
　　　내 쪽에서 접는다 나에게 떨어질
　　　불벼락을 몰라서가 아니었다
　　　내 쪽에서 마음을 넓혀보면 더 편하다
　　　1860년에 철종의 종제(從弟, 사촌 동생)로서
　　　안동 김씨의 세도정치를 더 이상 두고 볼 수 없었다
　　　이것이 화근이 되어 경평군(慶平君) 이내 몸
　　　그해 11월에 신지도에 유배 와서
　　　그날들이 드밀고 올 때마다 속이 터지는 순간들
　　　여백의 한 폭을 폈다
　　　명사십리 잔잔한 몸짓과 같은 마음을
　　　저 모랫벌에 발걸음으로 내딛고 보면
　　　숨어서 우는 파도 소리에 이끌려 간다
　　　이내 생도 없어 데리고 가본다
　　　해질녘 그림자와 돌아올 땐 거뜬해지는
　　　가벼움이여
　　　이 여백의 아름다움으로 물어들어 가나니
　　　　　　　　　　　　　　　　　　- [여백] 전문 -

1860년에 철종의 종제(從弟, 사촌 동생)로서 안동 김씨의 세도정치를 비판했다가 탄핵을 받게 된 경평군(慶平君) 이세보(李世輔)가 그해 11월에 유배지인 신지도에 도착한 후, 1863년에 고종이 즉위하면서 왕의 명으로 풀려날 때까지 약 2년여간의 유배생활을 기록으로 남긴 일기이다.

밤마다 모래사장에 나가 참담한 마음을 시로 짓거나 북녘 하늘을 보며 통곡하는 등, 왕족의 일원으로서 안동 김씨 가문의 세도 정치에 의해 무너져 가는 나라의 미래를 근심하는 마음을 담거나, 철종과 기타 왕족들을 걱정하는 마음을 일기로 표현하고 있다.

또한 유배지에서의 생활 외에도 장성 갈재, 북창, 나주, 영암, 강진, 마도진, 고금도, 신지도로 이어지는 유배길에 대해 자세히 기록되어 있다.

이세보는 유배기간 동안 신지도의 송곡 마을에서 460여수의 한글 시조를 지었고 이 시조들이 이세보의 시조집인 풍아(風雅)에 수록되어 있는데, 일기인 신도일록에도 그 중 95수의 시조가 실려 있다.
특히 95수의 시조 중 12수는 풍아에는 실려 있지 않고 신도일록에만 수록되어 있어 더욱 가치가 높다.
왕족의 신분임에도 불구하고 한문이 아니라 순수 한글로 된 일기를 기록하였다는 점에서 매우 특이하고 가치가 높은 일기류 서적이며, 병인양요 당시 나주임씨(羅州林氏, 1818-1879)가 쓴 여류한글일기인 병인양란록과 함께 19세기 중후반의 우리나라 한글일기문학을 대표하는 작품이라는 점에서 문학사적 의의가 크다.
이 기록만으로도 이세보의 일생이 투명하게 잘 드러난다.
부귀영화를 누리며 살아갈 이 앞에서 모든 것을 던지고 안동 김씨의 세도 정치를 정면에서 비판하고 나설 때 자신에게 돌아올 화살이 무엇인지 알면서 굽히지 않음은 무엇이던가.
조선을 늘 위기로 몰고 갔던 것은 이 세도 정치가 판을 치면서 앞에는 중국이 등 뒤에는 일본이 자리잡고 있어 물 위에 뜬 일엽편주와 같은 조선!
이들이 물살을 일으킬 때 이 조각배는 심하게 요동치고 단 하루 편안할 날이 없었다.
힘이 강하다는 것은 자주 국가이지만 힘이 약한 조선은 두 세력의 균형 속에서 흔들릴 수 밖에 없었다.
미래를 철저하게 대비하거나 국력을 키워가기보다 중국으로부터 왕의 신임을 받고자 이 왕권을 지탱하기에 몸부림만 쳤지 국력을 키울 동력을 갖지 못했다.
먼 바다로 나가야 할 조선은 안에 갇혀 인의예지에 사로잡혀 있었으니 농업에 전부를 걸고 있어 힘을 확장시킬 기틀조차 없었다.
안에서 세도 정치가 판을 치고 있는 나라이였기에 가슴이 아팠다.
그야말로 왕권을 다져 보존하는 것 말고 무엇이 있었던가.

> 바다를 건너는 사람들의 등 뒤에
> 그림자가 어린다
> 어디로 가려는가 물길은 흘러서 섬을 휘돌아
> 바람은 바다를 넘어 몇 곱절 빠름과

한 세상 흐름을 누가 가름하랴
와서 가는 길은 어디 물길뿐이랴
험한 산길은 곱에 곱을 더 하여
앞을 가로 막는 물안개는 깊음을 알 리가 없다
아서라 와서 가는 것이 정한 이치요
세상 명리로 무엇을 묶자고 소란들인가
머물러 있는 이곳도 등을 기댐이고
떠나가는 발길의 스침도 인연이라
가을이 오는 소리가
어이 기러기 떼에서만 보았겠는가
낙엽은 인생사의 곡조를 담아 펴 놓지 않았던가
바다를 건너는 사람들의 발길의 울림을
바람이 먼저 알고 물어 나르는구나

- [바람이 알고] 전문 -

세상사를 관통하는 눈빛은 시대를 넘어 지금을 사는 세대들에게 묻지만 우리는 무엇으로도 답할 길 없어 가슴이 미어진다.
완도 명사십리는 유배 온 사람들에게 또 하나의 세상과 단판 짓는 물음의 장소였다.
누구에게 표할 수 없는 것까지 꺼내어 논했다.
긴 유배 시간 동안 가슴이 터지는 속에서 화두를 꺼내어 묻고 답하면서 높은 경지에 올라 세상을 바라보는 눈빛은 모든 것을 꿰뚫고 있었음을 직시한다.

완도 명사십리가
보석 중에 보석이다
이내 몸에 있는 울음까지
밤하늘의 별들도
이렇게 울음을 다듬어
아름답게 반짝이게 할 수 없으리라
저렇게 하얗게 일고 부딪히는 파도 역시
이내 몸에 흐르고 있는 울음을 퍼내어

아름다운 가락으로 빚어내지 못하리라
하지만 명사십리는 눈물 한 방울까지
모두 담아 꽃으로 피고 있으니
이 세상에서 어느 꽃이 이보다 아름다우랴
내 눈에 비친
모든 것이 성스러움으로 비쳐온다
이내 눈빛을 아름다움으로 빚어주시었네
완도 명시십리에 유배 온 몸인데도
귀하게 맞아들여 이렇게 떠받들어주시니

- [보석] 전문 -

이세보는 또 다른 경지를 경험했었고 이조시대를 살다간 사람 중에서 보석과 같다는 생각과 이러한 보석이 많았다는 것은 조선을 살리는 초석이 아니었을까. 한양과 먼 완도 명사십리는 먼 곳이지만 한 중심축에 서서 움직여갔다는 점에서 시사할 점이 한 두가지가 아니다.

아직은 세상에 널리 알려지지 않아 아쉬움이 크지만 언젠가는 이 분들이 쌓아 놓은 금자탑을 명사십리는 단순히 금빛 아름다운 천혜의 장소로만 알려져 있게 하지 않고 역사의 한 중심축을 이루고 있음에 경외감을 불러 일으킨 그날이 오리라 확신한다.

에벤에셀 서재에서

이청리 제65집 신지도에 유배 온 이세보

2017년 11월 30일 초판인쇄

지 은 이 이청리
펴 낸 이 고양금
펴 낸 곳 도서출판 이룸신서
등록번호 616-92-52521
주   소 제주특별자치도 제주시 연동 2313-4
전   화 010-5551-6257
팩   스 (064)742-4027
이 메 일 hansrmoney@hanmail.net